AU R. P. POUPLARD

CHAPITRE PREMIER

Tout le sérieux du livre du R. P. Pouplard aurait-il pour but de faire accepter les lignes dédaigneuses qu'il glisse habilement, aux pages 73 et 74, à l'adresse du Secret de la Salette ?

Tel est le doute dont nous ne pouvons nous défendre et que partage peut-être avec nous, la *Semaine Religieuse* d'Amiens.

Citons et examinons :

Citons :

1º **Le R. P. Pouplard dit avoir lu, en 1872,**

le Secret de Mélanie ; et il le jugea déjà intempestif.

2⁰ Le R. P. Pouplard dit tenir, *de bonne source*, que le (prétendu) Secret *a été blâmé sévèrement* par la *Sacrée Congrégation Romaine ;* et il en appelle à la *Semaine Religieuse de Cambrai*, et *à d'autres*.

3° Un éminent personnage, d'après le R. P. Pouplard, a écrit, le 11 février 1882, que le Saint-Office a défendu à Mélanie de ne plus rien écrire sur l'Apparition.

Et c'est avec ces trois assertions qui pèsent si peu, que le R. P. Pouplard prétend renverser les montagnes de preuves qui établissent la vérité du redoutable Secret !

Examinons cela en détail :

1ʳᵉ ASSERTION

Le R. P. Pouplard a lu le Secret en 1872 et l'a jugé intempestif ?

MAIS 1° : Si la divine Marie, en ordonnant de publier son Secret, ne l'a pas jugé intempestif, a-t-elle eu tort de ne pas consulter le R. P. Pouplard ?

MAIS 2° : Si Pie IX, en favorisant la publication du Secret, par **3 bénédictions autographes,** ne l'a pas cru **intempestif,** est-ce que son sentiment ne vaudrait pas celui du R. P. Pouplard ?

MAIS 3° : Si Léon XIII, en couronnant N.-D. de la Salette, a proclamé la Sincérité des Bergers ; ne nous a-t-il pas fait, à tous, un devoir de nous incliner devant l'autorité du **Secret,** dont Mélanie a été longtemps la dépositaire jusqu'au moment où elle devait en être la révélatrice ?

Et le R. P. Pouplard a-t-il le droit de crier ici à **l'intempestivité ?**

MAIS 4° : Si tant de prélats Italiens, Orientaux, Espagnols, etc., ont jugé très **opportune** la publication du **Secret,** alors combien intempestives sont les paroles du R. P. Pouplard, *ne plus dicam !...*

Et combien faibles sont les approbations qu'il exhibe, *ut minus dicam !...*

La première assertion est jugée : passons à la deuxième.

2e ASSERTION

Le R. P. Pouplard **sait de bonne source** que le prétendu Secret a **été blâmé sévèrement** à Rome ; et il en appelle à certaines Semaines Religieuses.

1° BLÂMÉ SÉVÈREMENT ?...

Est-ce le **FOND** *du Secret*, ou seulement la **PUBLICATION** du *Secret* qui a été blâmée ?...

Pour un homme logique et sincère, cette distinction eût été à faire. L'avoir omise est d'une *mauvaise prudence*, ou d'une *bien triste inadvertance*.

2° Quelle est cette BONNE SOURCE à laquelle le R. P. Pouplard a puisé ses renseignements ?

Le lecteur aurait droit de la connaître pour y puiser les siens.

3° Ou bien, *par cette bonne source, le R. P. Pouplard entend-il parler seulement de la lettre du*

Cardinal Caterini, comme le donne à supposer la citation qu'il fait des Semaines Religieuses, *qui ont publié cette lettre ?*

Si cela est : pour qui le R. P. Pouplard prend-il ses lecteurs ?

Car, après tout ce qui a été écrit, sur ce sujet, le R. P. Pouplard ne peut pas ignorer que cette lettre, bien comprise, est la preuve la plus péremptoire de la vérité du *Secret ;* et que c'est par **une inqualifiable méprise,** que les adversaires s'en sont fait une arme contre les croyants au Secret.

3ᵉ ASSERTION

Un personnage éminent, d'après le R. P. Pouplard, a écrit le 11 février 1882, que le Saint-Office a défendu à Mélanie de ne rien plus écrire sur l'Apparition ?

Soit. Mais, le Saint-Office a-t-il, par cette défense, ordonné à Mélanie de rétracter et désavouer le Secret déjà publié ?

En quoi, le silence qu'il lui a demandé, **MOMEN-TANÉMENT, sur les Règles des Apôtres des Derniers Temps,** en quoi ce silence porte-t il atteinte à la vérité et à l'autorité du Secret ?

Et voilà, avec quoi et comment le R. P. Pouplard, aux applaudissements de la *Semaine Religieuse* d'Amiens, cherche à se tromper et à tromper les autres, sur **la Révélation la plus solennelle de l'histoire de l'Eglise !.....**

Nous devons cependant rendre cette justice au R. P. Pouplard, c'est qu'après avoir, autant qu'il le peut, déconsidéré le témoignage de Mélanie, il a soin d'ajouter qu'il ne veut, par là, *préjudicier en rien à la Merveilleuse Apparition de la Salette !!!...,..*

Ainsi parlent du reste, bien des hommes religieux et plus d'une *Semaine Religieuse,* dans leurs aveugles attaques, contre l'humble messagère de Marie.

Nous l'avouons, pour nous, ce langage est le plus grand tour de force de l'esprit humain :

C'est l'étonnement des étonnements !...

Quoi donc !... Hier, toute la certitude de l'Apparition et de la Révélation de la Salette reposait sur le témoignage de Mélanie !...,

Et aujourd'hui, on le ridiculise, ce témoignage, on l'anéantit et on prétend ne préjudicier en rien, à la certitude de l'Apparition dont ce témoignage est la base principale !!!...

Comme, si en donnant la mort à quelqu'un, on prétendait ne pas préjudicier à sa vie!.....

Et on ne voit pas qu'aujourd'hui, mettre en doute la valeur du témoignage de Mélanie, c'est déchirer l'histoire qui l'a tant de fois justifiée; bien plus, c'est *se moquer de Dieu et de l'Eglise* qui ont donné à ce témoignage de si nombreuses et si solennelles sanctions : *Dieu par ses miracles*, et l'Eglise *par ses Pontifes*.

Ah ! pour que des hommes, qui devraient être si judicieux, soient arrivés à ce degré d'inconséquence, il faut bien croire à ce que le Secret nous dit de la confusion actuelle des esprits, qui ne savent plus discerner le *oui du non*, le *vrai du faux*, le *jour de la nuit*.

Et si au temps du Déluge *toute chair* avait corrompu sa voie; ne sommes-nous pas au temps où *tout esprit* a corrompu, faussé la sienne ?

« Hélas ! qu'il y a grande pitié dans notre » pauvre pays de France ! »

CHAPITRE DERNIER

Maintenant, venons-en à *la Semaine Religieuse* d'*Amiens*, qui fait ici cause commune avec le *R. P. Pouplard*.

Dans son numéro du 17 juin, qui nous a été adressé par les soins de son Rédacteur, elle a sans doute l'intention que nous prenions, pour nous, certains extraits du livre du R. P. Pouplard, qu'elle cite ; et certaines réflexions qu'elle y ajoute.

A qui les comparerons-nous, ceux qui en arrivent à une tactique d'où *la droiture* est si complètement absente ?

Car **1°** Nous ne sommes pas un auteur anonyme : *nos opuscules sur la Salette* étant tous signés,

2.° Nous ne nous faisons pas le défenseur et le promoteur de n'importe quelle *Vision* ou *Révélation ;* puisque nous défendons une *Vision* qui a toutes les sanctions de l'Eglise ; et dans laquelle est une *Révélation*, qui depuis 37 ans, a toutes les sanctions de l'histoire.

3° Si nos opuscules sont publiés sans approbation,

C'est 1ᵘ pour épargner aux âmes le scandale de lamentables divisions, *tout en défendant la vérité attaquée ;*

Scandale devant lequel la *Semaine d'Amiens* a bien peu reculé, lorsqu'elle a osé appeler **INEPTIES, MENSONGES, EXTRAVAGANCES** ce que les voix les plus autorisées nous disaient et nous disent être une **RÉVÉLATION DU CIEL.**

C'est 2°, *parce qu'aucune loi ne nous y oblige.* Nous usons simplement d'une liberté que l'*Eglise* daigne nous laisser, pour des raisons *de haute sagesse,* que nous admirons et bénissons.

D'ailleurs 3°, au su et au vu de tous, nous sommes, à l'avance, soumis au jugement que l'Eglise peut porter sur nos opuscules.

Donc, discréditer nos opuscules, pour le seul motif qu'ils ne sont pas revêtus d'approbation, c'est,

SOUS LES APPARENCES D'UN RESPECT TROMPEUR, attaquer la sagesse même de l'Eglise, dans la liberté qu'elle a jugé à propos de nous laisser.

4° Nous ne fuyons pas le contrôle ecclésiastique, puisque notre premier soin a été d'envoyer nos opuscules, à tous les Evêques de France, et à bon nombre de Cardinaux de Rome. Et nous pourrions citer plus d'un Prélat, même Cardinal, qui, par une voie ou par une autre, nous en a félicité.

5° Si, par malheur, quelque Evêque approuve un ouvrage où l'auteur livre au mépris public le **Secret de la Salette,** cet Evêque, 1° oublie la déférence qu'il doit à un si grand nombre de ses collègues dans l'Episcopat, qui ont *ce Secret* en très grande estime, et en ont approuvé la publication, selon que nous le montrons dans l'opuscule : **Encore un mot.**

2° Cet Evêque foule aux pieds le respect qu'il doit aux paroles et aux actes de N. S. Père le Pape, qui sont, si évidemment en faveur du *Secret* (voir : *Encore un mot).*

6° Enfin, la *Semaine Religieuse d'Amiens* se plaint de **la crédulité la plus niaise** qui est, dit-elle, un caractère de ce temps !...

Hélas !... le caractère principal de ce temps, n'est-il

pas, bien au contraire, **l'incrédulité la plus obstinée ?...**

Quel peuple a jamais eu la tête plus dure que la France moderne; et a résisté avec plus de ténacité aux **avertissements les plus solennels** et aux **châtiments les plus sévères?**

Témoins ces Religieux expulsés qui ne savent rien comprendre aux malheurs qui les frappent !.....

Et témoins ces *Semaines Religieuses* qui ne veu'ent rien comprendre aux preuves qui les confondent !.....

Impius, cum in profundum venerit, contemnit !...

La France est au fond, voilà pourquoi elle méprise !.....

Donc disons une dernière fois :

DEUS MISEREATUR NOSTRI !

Ce 24 juin 1883, fête de la joyeuse naissance du grand Saint-Jean-Baptiste.

ERNEST RIGAUD,
Prêtre de N. D. de la Salette
et Ier Vicaire de Saint-Pierre
à Limoges.

Limoges, imp. Mme J. Dumont, place de la République,

Le Secret de la Salette et la Semaine Religieuse d'Amiens.   0,50

Encore un mot sur le Secret de la Salette avant le Dernier Mot de Dieu. .   0,60

Quand la fin du Monde? — Bientôt! .   0,50

Jésus-Christ et l'Eglise, ou le Royaume de Dieu, prédit par Daniel   0,40

Le Général de Cathelineau, porte-étendard de la Reine des Prophètes.   0,40

Au R. P. Pouplard; un Mot sur son livre un Mot.   0,40

Limoges. — Typ. Mme J. Dumont, place de la République, 10.